Vegetarisch

to go

Inhalt

Vorwort

Abgesehen von fettigen Pommes vom Imbissstand um die Ecke oder den immer gleichen vegetarischen Alternativen in der Betriebskantine ist für Vegetarier in der Mittagspause oder unterwegs nicht viel geboten. Damit ist jetzt Schluss!

Statt bloßem Sattwerden heißt es jetzt: bequem vorbereiten, mitnehmen und genießen. Ob Schraubdeckel- oder Einmachglas, Thermosbehälter oder Lunchbox – für alle Speisen gibt es das passende Transportgefäß. Die Freude auf das selbst gemachte Essen versüßt Ihnen jeden noch so stressigen Arbeitstag und macht Picknicks und Ausflüge zu einem besonderen Vergnügen.

Abwechslungsreiche Snacks, Suppen und Salate wie z. B. ein farbenfroher Regenbogen-Gemüsesalat, eine herzhafte Kürbiscremesuppe oder würzige Tomatenhappen mit Ei bieten leckere Ideen für den kleinen Hunger. Als Snacks zwischendurch oder für die Mittagspause können Sie sich z. B. ein würziges Spinat-Käse-Sandwich, handliche Gemüsewraps oder eine originelle Ratatouille im Glas mitnehmen. Und für den schnellen Energiekick zwischendurch knabbern Sie einfach ein paar Goji-Chia-Energieriegel oder Quinoa-Cookies.

Probieren Sie's einfach aus. Viel Spaß beim Vorbereiten, Mitnehmen und Genießen!

Vegetarisch lecker

Haben Sie die Nase voll von ungesundem Fastfood, fadem Imbiss- und Kantinenessen und teuren Restaurants? Dann kochen Sie Ihre Mahlzeiten für die Mittagspause im Büro oder Snacks für Ausflüge und Picknicks doch einfach selbst! Für die Zubereitung können Sie gesunde Zutaten verwenden und dabei je nach Lust und Laune variieren – und das immer dann, wenn Sie gerade Zeit dafür haben. Sie werden sehen, dank gut vorzubereitender Mitnehmmahlzeiten ist es einfacher, als man denken würde, sich in der Mittagspause oder unterwegs gesund und abwechslungsreich zu ernähren.

Gesunde vegetarische Ernährung

Durch den Verzicht auf Fleisch- und Wurstwaren ernähren sich Vegetarier schon von Haus aus recht gesund, da sie weniger ungesunde Stoffe wie z.B. gesättigte Fettsäuren, schlechtes Cholesterin und gichtförderndes Purin zu sich nehmen. Stattdessen ist die vegetarische Küche durch einem hohen Anteil an Obst und Gemüse, Hülsenfrüchten und Getreideprodukten geprägt, der von Experten im Zuge einer ausgewogenen Ernährung empfohlen wird. Eine solche Ernährungsweise trägt u.a. dazu bei, Krankheiten wie z.B. Herz-Kreislauf-Beschwerden zu vermeiden. Meidet man zusätzlich raffinierten Zucker und ungesunde Fette und greift in der Mittagspause und unterwegs statt zu Schokoriegeln und Frittiertem lieber zu sättigenden Ballaststoffen wie etwa in Vollkornprodukten, Haferflocken oder Gemüse, ist man den ganzen Tag über bereit für höchste Leistungs- und Konzentrationsfähigkeit. Dies ist vor allem in Schule und Beruf wichtig. Und wer zwischendurch ausreichend Essenspausen einplant, hält seinen Blutzuckerspiegel konstant und bleibt länger topfit und aufmerksam.

Vegetarisch to go

Zwar gibt es inzwischen auch für Vegetarier eine größere Auswahl an Gerichten in Imbissen oder Restaurants bzw. an fertigen Snacks aus dem Supermarkt, doch Käsebrote vom Bäcker oder gekaufte Mikrowellen-Makkaroni sind auf die Dauer weder besonders abwechslungsreich, noch liefern sie viele Nährstoffe für unsere Gesundheit. Pommes von der Frittenbude machen weder fit noch dauerhaft satt und abgepackte Salate aus dem Supermarkt sind oft schlapp und überlagert. Zwischendurch „nur“ einen einfachen Ap-

fel, eine Banane oder einen Joghurt zu snacken, ist auf die Dauer auch recht langweilig. Und wer in der Mittagspause jedes Mal ins Restaurant geht, gibt dafür viel Geld aus. Mitnehmmahlzeiten selbst vorzubereiten ist auf Dauer günstiger und muss nicht aufwendig sein. Obendrein sind Sie bei der Vorbereitung zeitlich flexibel. Kleine Gerichte, Salate und Suppen können Sie auf Vorrat zubereiten, größere Mengen im Kühlschrank oder Gefrierfach aufbewahren und bei Bedarf ganz unkompliziert verpacken und mitnehmen. Auch Reste können Sie auf diese Weise hervorragend und kostengünstig verwerten. Der größte Vorteil dabei: Sie wissen, was drin ist und können auf die Qualität der verwendeten Zutaten achten.

Vegetarische Imbiss- und Snackalternativen

Die klassischen Zutaten für Snacks und Imbissgerichte bieten auch Vegetariern eine große Auswahl an Möglichkeiten. Wenn es beispielsweise um das beliebte Sandwich geht, haben Sie mit verschiedenen Käse- und Frischkäsesorten, Nussmus und pflanzlichen Aufstrichen eine große Bandbreite an Alternativen. Hinzu kommen Fleischersatzprodukte wie z. B. Tofuwürstchen oder Burger sowie fleischlose Aufschnitte wie etwa vegetarischer Schinken. Oder machen Sie sich Chips, Energieriegel und Burgerbratlinge einfach selbst! Eine bunte Auswahl an Rezepten hierzu finden Sie ab Seite 10 im Buch.

Basics für die vegetarische Mitnehmküche

Wer wirtschaftlich kochen und sich einen größeren Zeitaufwand beim Einkaufen sparen möchte, sollte einige Zutaten, die immer wieder benötigt werden, als Vorrat anlegen. So haben Sie die nötigsten Lebensmittel stets griffbereit. Der vegetarische Vorratsschrank sollte beispielsweise auch eine Auswahl an Gemüse und Lebensmitteln in Konser-

Verpackung und Transport

Wenn alles fertig zubereitet ist, sollte auch der Transport ein Kinderspiel sein. Hier einige Tipps, um dies problemlos zu bewerkstelligen. Kleine Backwaren wie z.B. Kekse können gleich in der Dose transportiert werden, in der sie aufbewahrt werden. Sandwiches finden, in Alufolie, Frischhaltefolie oder Butterbrotpapier verpackt, Platz in einer einfachen Brotdose bzw. Lunchbox. Die aus Japan stammende Bento-Box ermöglicht es durch abgetrennte Bereiche, sogar mehrere Gerichte mitzunehmen. Feuchte Zutaten wie z.B. Soßen können in Schälchen mit Deckel portioniert werden. Für Dressings gibt es spezielle Dressingflaschen zum Mitnehmen. Praktisch sind auch verschließbare Plastikbehälter wie die diversen Tupperwareschalen, die sich z.B. für den Transport von Salaten, Reis- oder Gemüsegerichten eignen. Spezialprodukte sind auch zum Aufwärmen in der Mikrowelle geeignet. Eine Alternative bieten Edelstahl- oder Glasbehälter, die sich auch problemlos in der Geschirrspülmaschine reinigen lassen. Für Salate oder Desserts wie z.B. Puddinge können Sie Schraubdeckelgläser oder Einmachgläser mit Bügelverschluss verwenden, für Suppen und Getränke, die möglichst warm bleiben sollen, eignen sich Thermosbehälter. Und für längere Reisen empfehlen sich schließlich Kühltaschen, in denen man z.B. Salate bis zum Verzehr transportieren kann.

Hygiene beachten!

Bevor Sie gekochte Speisen in ein Transportbehältnis füllen und es verschließen, sollten Sie darauf achten, dass diese zunächst abkühlen. Denn geben Sie sie heiß hinein, bildet sich unter dem Deckel Kondenswasser, das nicht nur die Konsistenz der Speisen beeinträchtigt, sondern auch einen Nährboden für Bakterien bildet. Achten Sie auch darauf, wiederverwendbare Gläser stets gut zu reinigen (in der Spülmaschine oder mit kochendem Wasser) und zu trocknen. Wenn Sie diese praktischen Tipps beherzigen, steht dem Mitnehmvergnügen nichts mehr im Weg.

vendosen oder Gläsern, wie Rotkohl, Rote Bete, Kichererbsen, Essiggurken oder Tomaten, enthalten. Gesunde Öle wie extra natives Olivenöl, Kokos- oder Rapsöl, der eine oder andere Essig wie etwa Weißwein- und Balsamicoessig, Gemüsebrühepulver sowie Speisestärke, Salz und Pfeffer sind ohnehin in nahezu jedem Vorratsschrank vorhanden. Dies gilt auch für die wichtigsten Backzutaten wie Zucker, Vanillezucker, Mehl oder Backpulver. Es empfiehlt sich außerdem, im Küchenregal einen kleinen Vorrat an häufig benötigten getrockneten Kräutern und Gewürzen wie z. B. Kümmel, Paprikapulver, Cayennepfeffer und Kurkuma anzulegen. Frische Kräuter wie Basilikum, Thymian, Rosmarin oder Schnittlauch können Sie in Töpfen auf der Fensterbank bereithalten. Ebenfalls praktisch ist ein Vorrat an Nüssen, Kernen, Samen und Trockenfrüchten. Weitere trockene Zutaten, die immer wieder gebraucht werden, sind Getreide und Pseudogetreideprodukte wie z. B. Nudeln, Reis und Quinoa.

Hinzu kommen, nach Bedarf, flüssige Würzmittel oder Pasten wie Senf, Ketchup und Chilisoße sowie Süßungsmittel wie Honig oder Agavendicksaft aus dem Kühlschrank. Auch Butter, Erdnussbutter, Mus (z. B. Apfelmus) und Aufstriche (z. B. Fruchtaufstrich) sind im Kühlschrank lange haltbar.

Noch länger lässt sich TK-Teig (z. B. Pizza- oder Filoteig) im Gefrierfach aufbewahren. Wer gern auf Vorrat einkauft, kann auch zu tiefgekühltem Gemüse wie z. B. Blattspinat oder Erbsen sowie Obst wie beispielsweise TK-Beeren greifen. Brot, Milchprodukte, Eier, Tofu sowie Obst und Gemüse können dann bei Bedarf frisch dazugekauft werden.

Snacks, Suppen und Salate zum Mitnehmen

Regenbogen-Gemüsesalat

Zutaten

für 1 mittelgroßes Schraubdeckelglas

1/2 rote Paprikaschote, 1/2 gelbe Paprikaschote, 1/2 Möhre, 1/2 Salatgurke, 1 große rote Zwiebel, 100 g Rotkohl, 1/2 Tasse Vinaigrette nach Wahl

Zubereitung

1. Paprikaschoten waschen, entkernen und in mundgerechte Stücke schneiden. Möhre schälen und in Scheiben schneiden. Gurke waschen und in Stücke schneiden. Zwiebel schälen und fein hacken. Rotkohl waschen und ebenfalls fein hacken.

2. Vinaigrette in ein Schraubdeckelglas geben, darüber Rotkohl, Zwiebel, Gurke, gelbe Paprika, Möhre und rote Paprika einschichten. Mit dem Deckel verschließen und bis zum Verzehr im Kühlschrank aufbewahren. Vor dem Verzehr Glas auf den Kopf stellen bzw. gut schütteln, um das Dressing zu verteilen.

Zubereitungszeit ca. 15 Minuten

Kichererbsensalat mit Zitrone und Parmesan

Zutaten
für 2 Portionen

1 große Dose Kichererbsen, 1 EL frisch gepresster Zitronensaft, 2 EL Olivenöl, 1–2 Stängel Basilikum, Salz, frisch gemahlener Pfeffer, 1 Handvoll frisch geriebener Parmesan

Zubereitung

1. Kichererbsen über einem Sieb abtropfen lassen und gut abspülen. In eine Schüssel geben. Mit Zitronensaft und Olivenöl beträufeln.

2. Basilikum waschen, trocken schütteln, Blättchen vom Stiel zupfen und fein hacken. Mit Salz und Pfeffer abschmecken, kalt stellen und ziehen lassen. In ein Transportbehältnis füllen. Zum Servieren auf Tellern anrichten und mit Parmesan und Basilikum bestreut servieren.

Zubereitungszeit ca. 10 Minuten

Rote-Bete-Salat mit Gewürzen

Zutaten

für 4 Portionen

500 g Rote Bete (frisch oder vorgegart), Salz, 1 kleine rote Zwiebel, frisch gemahlener Pfeffer, Zucker, 1 EL Essig, 2 EL Öl, 1 TL frisch gepresster Zitronensaft, 1 Msp. gemahlene Nelken, 1 Msp. gemahlener Kümmel

Zubereitung

1. Rote Bete mit Gummihandschuhen abbürsten und in ausreichend Salzwasser ca. 15–20 Minuten kochen lassen. Nach Ende der Garzeit mit kaltem Wasser abschrecken und schälen. Alternativ vorgegarte Rote Bete verwenden.

2. Rote Bete fein hacken und in eine Schüssel geben. Zwiebel schälen und fein hacken. Mit Salz, Pfeffer und Zucker abschmecken. Essig, Öl und Zitronensaft zugießen. Nelken und Kümmel zugeben.

3. Alle Zutaten gut durchmischen, gut durchziehen lassen. In ein Schraubdeckelglas füllen und kalt stellen. Nach Belieben können Sie vor dem Verzehr noch frisch gerösteten Sesam über den Salat streuen.

Zubereitungszeit ca. 30 Minuten

Tomaten-Mozzarella-Salat im Glas

Zutaten
für 2 Portionen

1 Handvoll Kerbel, 4 EL Olivenöl, 1 EL Balsamico, 1/2 TL Senf, 1/2 TL Waldhonig, Salz, frisch gemahlener Pfeffer, 1 kleine Zwiebel, 2 gelbe Tomaten, 2 rote Tomaten, 250 g Mozzarella

Zubereitung

1. Kerbel waschen, trocken schütteln, einige Blättchen beiseitelegen, den Rest fein hacken. Olivenöl, Balsamico, Senf, Honig, Salz und Pfeffer sowie gehackten Kerbel mit einem Schneebesen zu einem Dressing verrühren.

2. Zwiebel schälen und fein hacken. Tomaten waschen, Stielansätze entfernen und Tomaten in mundgerechte Stücke schneiden. Mozzarella abtropfen lassen und ebenfalls in mundgerechte Stücke schneiden.

3. Jeweils die Hälfte des Dressings und des Salats in Einmachgläser mit Deckel geben. Mit Kerbelblättchen garnieren und verschließen. Bis zum Transport bzw. Verzehr kalt stellen. Vor dem Servieren Gläser gut schütteln, damit sich das Dressing gut verteilt.

Zubereitungszeit ca. 15 Minuten

Tomaten-Gurken-Salat mit Ananas und Koriander

Zutaten
für 3 Portionen

1/2 Salatgurke, 300 g Tomaten, 1/2 Ananas, 1 Bund Koriander, 1 Beutel Salatgewürz Paprika-Kräuter (z.B. von Knorr), 1 EL Öl

Zubereitung

1. Gurke schälen, halbieren, Kerne herauskratzen und Kürbisfleisch in Scheiben schneiden.

2. Tomaten waschen, Stielansätze entfernen und Tomaten würfeln. Ananas halbieren, schälen und Strunk entfernen. Fruchtfleisch fein würfeln.

3. Koriander waschen, trocken schütteln und Blättchen von den Stielen zupfen. Eine Hälfte für die Garnitur beiseitelegen, die andere Hälfte fein hacken.

4. Beutelinhalt Salatgewürz mit 1 Esslöffel Wasser, Öl und gehacktem Koriander verrühren. Gurke, Tomaten und Ananas unterheben. Alles zum Transport in ein Schraubdeckelglas füllen und bis zum Transport bzw. Verzehr kalt stellen. Zum Servieren in Gläser portionieren und mit Korianderblättchen bestreuen.

Zubereitungszeit ca. 30 Minuten

Herzhafte Kürbiscremesuppe

Zutaten

für 4 Portionen

1 kg Kürbis (z. B. Butternut), 3 Schalotten, 2 EL Butter oder Öl, 2 EL Mehl, 800 ml Gemüsebrühe, 200 g Sahne oder Sojasahne, Salz, frisch gemahlener bunter Pfeffer, 1 TL Kurkumapulver, nach Belieben etwas Crème fraîche

Zubereitung

1. Kürbis halbieren, Kerne mithilfe eines Löffels herauskratzen, Kürbis schälen und in kleine Stücke schneiden. Schalotten schälen und fein würfeln.

2. Butter oder Öl Topf erhitzen. Schalotten darin glasig dünsten. Kürbis kurz mitdünsten. Mit Mehl bestäuben und anschwitzen.

3. Brühe und Sahne zugießen. Suppe aufkochen und zugedeckt bei schwacher Hitze ca. 30 Minuten köcheln lassen.

4. Suppe mit einem Stabmixer pürieren, mit Salz, Pfeffer und Kurkuma abschmecken. In Einmachgläser füllen und bis zum Transport bzw. Verzehr kalt stellen. Vor dem Verzehr kurz in einem geeigneten Gefäß in der Mikrowelle aufwärmen und nach Belieben mit Crème fraîche garnieren.

Zubereitungszeit ca. 50 Minuten

Kalte Möhren-Ingwer-Suppe

Zutaten

für 4 Portionen

2 Schalotten, 400 g Möhren, 20 g Ingwer, 1 EL Pflanzencreme, 2 TL Zucker, 600 ml Gemüsebrühe (z.B. von Knorr), 250 ml Cremefine (von Rama), Salz, frisch gemahlener Pfeffer, frisch gepresster Limettensaft

Zubereitung

1. Schalotten schälen und fein würfeln. Möhren schälen und in Würfel schneiden. Ingwer schälen und fein reiben.

2. Pflanzencreme erhitzen, Schalotten darin bei mittlerer Hitze glasig andünsten. Möhren, Ingwer und Zucker zufügen und ca. 5 Minuten mitdünsten. Mit Gemüsebrühe ablöschen und ca. 15 Minuten köcheln lassen.

3. Cremefine einrühren und mit dem Stabmixer fein pürieren. Mit Salz, Pfeffer und Limettensaft abschmecken und gegebenenfalls durch ein Sieb streichen. In ein Schraubdeckelglas füllen und im Kühlschrank mindestens 2 Stunden kalt stellen. Zum Servieren gegebenenfalls in Suppenschüsseln umfüllen und nach Wunsch garnieren.

Zubereitungszeit ca. 30 Minuten (+ Kühlzeit ca. 2 Stunden)

Pikant gefüllte harte Eier

Zutaten

für 4 Portionen

6 Eier, 50 g vegetarischer Schinken, 2 Essiggurken, Essig, 2 EL Senf, Salz, frisch gemahlener Pfeffer, 1 Frühlingszwiebel

Zubereitung

1. Eier an der stumpfen Seite einstechen und im Eierkocher oder in heißem Wasser ca. 15 Minuten hart kochen. Auskühlen lassen.

2. Eier schälen und das obere Drittel mit einem scharfen Messer abtrennen. Eigelb mithilfe eines Teelöffels, ohne das Eiweiß zu beschädigen, herausnehmen und in eine kleine Schüssel geben. Leere Eihälften beiseitelegen.

3. Vegetarischen Schinken und Essiggurken sehr klein schneiden. Eigelbe zu einer feinen Masse zerdrücken, mit Essig, Senf, Salz und Pfeffer kräftig abschmecken. Frühlingszwiebel waschen, putzen und in feine Ringe schneiden. Frühlingszwiebel, Schinken und Essiggurken zur Eigelbmasse geben und gut vermischen.

4. Masse in die leeren Eihälften füllen und mindestens 1 Stunde vor dem Verzehr in einer Frischhaltebox kalt stellen.

Zubereitungszeit ca. 30 Minuten (+ Kühlzeit ca. 1 Stunde)

Kürbis-Chips mit Meersalz

Zutaten

für 1 Blech

300 g Kürbis (z. B. Butternut), 2 EL Olivenöl, 1 Msp. Paprikapulver (nach Belieben edelsüß oder rosenscharf), 1 Msp. Knoblauchpulver, Meersalz

Zubereitung

1. Backofen auf 250 °C (Umluft 230 °C) vorheizen. Kürbis halbieren, Kerne mithilfe eines Löffels herauskratzen, Kürbis schälen und in sehr dünne (ca. 1 Millimeter dicke) Scheiben schneiden.

2. Kürbisscheiben von beiden Seiten dünn mit Olivenöl bestreichen und auf ein mit Backpapier ausgelegtes Backblech legen. Mit Paprika- und Knoblauchpulver bestreuen.

3. Kürbischips im vorgeheizten Backofen ca. 12–14 Minuten backen. Zwischendurch kontrollieren, damit die Chips nicht schwarz werden. Wenn sie schön knusprig sind, herausnehmen.

4. Chips mit grobem Meersalz bestreuen, abkühlen lassen und zum Transport in eine Papiertüte füllen.

Zubereitungszeit ca. 30 Minuten

Tomatenhappen mit Ei

Zutaten

für 4 Portionen

4 Tomaten, 1 Stängel Rosmarin, 1 Handvoll Thymian, 1 Handvoll Schnittlauch, 1 unbehandelte Zitrone, 1 Knoblauchzehe, Salz, frisch gemahlener Pfeffer, 1 Msp. Cayennepfeffer, etwas Fett für die Form, 4 TL Olivenöl, 4 Eier, nach Belieben 4 TL geriebener Käse

Zubereitung

1. Backofen auf 200 °C (Umluft 180 °C) vorheizen. Tomaten waschen, vom Stielansatz befreien, das obere Drittel abschneiden und das Innere mithilfe eines Löffels herauskratzen. Tomaten umdrehen und auf einem Teller beiseitestellen.

2. Rosmarin und Thymian waschen, trocken schütteln, Blättchen und Nadeln von den Stielen zupfen und fein hacken. Schnittlauch putzen, waschen, trocken schütteln und in feine Röllchen schneiden. Zitrone mit heißem Wasser abwaschen und Schale abreiben. Knoblauch schälen, fein hacken und mit der Zitronenschale und den Kräutern vermischen. Mit Salz, Pfeffer und Cayennepfeffer abschmecken.

3. Eine kleine Auflaufform einfetten. Tomaten innen salzen und pfeffern, mit je 1 Teelöffel Öl beträufeln und etwas von der Kräuter-Gewürz-Mischung hineingeben. Pro Tomate je 1 Ei aufschlagen und hineingeben. Nach Belieben mit jeweils 1 Teelöffel geriebenem Käse bestreuen. Tomaten in die Form setzen und ca. 10–15 Minuten im vorgeheizten Backofen backen. Abkühlen lassen und kalt stellen. In eine Transportbox geben und vor dem Verzehr kurz in der Mikrowelle aufwärmen.

Zubereitungszeit ca. 25 Minuten

Vegetarisch lecker für zwischendurch und Mittag

Spinat-Käse-Sandwich

Zutaten
für 4 Portionen

300 g Spinat, Salz, 2 EL Olivenöl, frisch gemahlener Pfeffer, 150 g Käse (z. B. Provolone), 8 Scheiben Sandwichtoast

Zubereitung

1. Backofengrill vorheizen. Spinat verlesen, waschen, trocken schleudern und in kochendem Salzwasser ca. 2 Minuten blanchieren. Gut abtropfen lassen. Spinat klein schneiden und mit 1 Esslöffel Olivenöl verrühren. Mit Salz und Pfeffer abschmecken.

2. Käse in dünne Scheiben schneiden. Innenseiten der Sandwichtoasts mit restlichem Öl beträufeln. Spinat und Käse auf jeweils eine Scheibe legen. Andere Hälfte darüberlegen und fest zusammendrücken.

3. Sandwiches unter dem heißen Backofengrill von beiden Seiten jeweils ca. 5 Minuten goldbraun rösten. Alternativ können Sie die Sandwiches auch im Sandwichmaker zubereiten. Auf die Hand mitnehmen oder abkühlen lassen und in Folie gewickelt in einer Lunchbox verpacken.

Zubereitungszeit ca. 20 Minuten

Schwarzbrote mit Avocadopüree

Zutaten

für 2 Portionen

2 reife Avocados, 1 Knoblauchzehe, 3 EL frisch gepresster Limettensaft, 100 g Frischkäse, Salz, frisch gemahlener Pfeffer, 1 Handvoll Rauke, 4 Scheiben Schwarzbrot (z. B. Finnenbrot)

Zubereitung

1. Avocados halbieren, Kern entfernen und Fruchtfleisch herausschaben. Knoblauch schälen und pressen.

2. Avocado und Knoblauch mit einer Gabel grob zerdrücken. Mit Limettensaft beträufeln. Frischkäse zugeben und alles gut verrühren. Mit Salz und Pfeffer abschmecken.

3. Rauke waschen, trocken schleudern und grobe Stiele entfernen. Avocadocreme und Rauke separat verpacken und bis zum Transport bzw. Verzehr kühl stellen. Kurz vor dem Verzehr Brotscheiben mit Avocadopüree bestreichen und mit Rauke garnieren. Der Limettensaft verhindert das Braunwerden der Avocado, dadurch kann der Aufstrich, kalt gestellt, auch länger aufbewahrt und erst kurz vor dem Verzehr auf die Brote gestrichen werden.

Zubereitungszeit ca. 10 Minuten

Gemüsewraps

Zutaten

für 6 Portionen

300 g Mehl und etwas Mehl für die Arbeitsfläche, Salz, 4 EL Öl und etwas Öl zum Backen, 8 Salatblätter (z. B. Eisbergsalat), 1 rote Paprikaschote, 1 gelbe Paprikaschote, 3 Möhren, 1 Salatgurke, 200 g Frischkäse, frisch gemahlener Pfeffer

Zubereitung

1. Mehl, 1 Esslöffel Salz und Öl in einer Schüssel mischen. 150 Milliliter lauwarmes Wasser unter ständigem Rühren langsam zugießen. Teig mit den Händen so lange kneten, bis er geschmeidig und nicht mehr klebrig ist. Zugedeckt ca. 20 Minuten ruhen lassen.

2. Salat waschen und trocken schleudern. Paprikaschoten waschen, putzen, entkernen und in feine Streifen schneiden. Möhren waschen, schälen und in feine Streifen schneiden. Gurke waschen, schälen, Kerne herausschaben und Gurke in feine Streifen schneiden.

3. Teig in sechs Portionen teilen und auf einer bemehlten Arbeitsfläche zu Fladen von ca. 15 Zentimetern Durchmesser ausrollen. In einer Pfanne etwas Öl erhitzen und jeweils ca. 1 Minute von beiden Seiten backen. Abkühlen lassen.

4. Wraps mit Frischkäse bestreichen und mit Salz und Pfeffer würzen. Mit Salat, Paprika, Möhren und Gurke belegen und fest einrollen. Zum Transport in Butterbrotpapier einschlagen oder mit Küchengarn festbinden.

Zubereitungszeit ca. 50 Minuten

Quinoa-Avocadocreme-Paprika-Verrine

Zutaten

für 6–8 Portionen

1 Tasse Quinoa, Salz, 1/2 rote Paprikaschote, 1/2 gelbe Paprikaschote, Olivenöl, frisch gemahlener Pfeffer, 1 Frühlingszwiebel, 1/2 Avocado, 1 EL frisch gepresster Limettensaft, 1 EL gehackter Koriander, 1/2 Becher Naturjoghurt, einige Basilikumblättchen für die Garnitur

Zubereitung

1. Quinoa mit heißem Wasser abwaschen und in 350 Millilitern Salzwasser zum Kochen bringen. Bei mittlerer Hitze ca. 15–20 Minuten köcheln lassen, bis es gar ist. Vom Herd nehmen und abkühlen lassen.

2. Backofen auf 200 °C (Umluft 180 °C) vorheizen. Paprikaschoten waschen, entkernen und auf ein mit Backpapier ausgelegtes Blech legen. Mit etwas Olivenöl beträufeln, salzen und pfeffern. Im vorgeheizten Backofen ca. 20 Minuten backen, bis sich Blasen bilden. Herausnehmen und abkühlen lassen. Paprikaschoten in mundgerechte Stücke schneiden.

3. Frühlingszwiebel waschen und in feine Röllchen schneiden. Avocado schälen, mit einer Gabel zerdrücken und mit Limettensaft, Koriander und Joghurt zu einer geschmeidigen Masse vermengen. Paprika, Avocadocreme und Quinoa in ein Einweckglas schichten, dabei mit einer Schicht Avocadocreme enden. Bis zum Verzehr kalt stellen und mit gewaschenen Basilikumblättchen garniert servieren.

Zubereitungszeit ca. 60 Minuten

Rote-Bete-Falafel de luxe

Zutaten

für ca. 50 Stück

350 g Kichererbsen (Dose), 150 g Rote Bete, 1 Ei, 1 EL Salz, frisch gemahlener Pfeffer, 1–2 EL Tahin (Sesampaste), 1 TL Ras el-Hanout (orientalische Gewürzmischung), 1–2 Knoblauchzehen, 3 EL Öl

Zubereitung

1. Kichererbsen abtropfen lassen, abwaschen und mit einem Stabmixer pürieren. Rote Bete mit Gummihandschuhen abbürsten, schälen und fein reiben. Backofen auf 200 °C (Umluft 180 °C) vorheizen.

2. Rote Bete und Kichererbsenpüree in eine Schüssel geben. Ei aufschlagen und zugeben. Mit Salz, Pfeffer, Tahin und Ras el-Hanout würzen. Knoblauch schälen, pressen und zugeben. Masse gründlich vermengen.

3. Aus der Masse walnussgroße Kugeln formen und gut festdrücken. Öl in einen tiefen Teller geben und Bällchen darin wenden.

4. Falafel auf ein mit Backpapier belegtes Backblech setzen und im vorgeheizten Backofen ca. 20–30 Minuten backen. Abkühlen lassen, bis zum Transport bzw. Verzehr kalt stellen und nach Belieben kalt servieren oder kurz in der Mikrowelle aufwärmen. Die Falafel kann man wunderbar mit Dip zu Salat essen oder als Füllung für Wraps und Pitabrote verwenden.

Zubereitungszeit ca. 1 Stunde und 10 Minuten

Ratatouille im Glas

Zutaten
für 4 Gläser

800 g Paprikaschoten, 750 g Tomaten, Salz, 5 Stängel Rosmarin, 1 Bund Thymian, 3 große Zwiebeln, 9 EL Öl, 5 Knoblauchzehen, 500 g Auberginen, 500 g Zucchini, Salz, frisch gemahlener Pfeffer, 1 Prise Zucker, 400 ml Gemüsebrühe

Zubereitung

1. Paprikaschoten putzen, waschen, vierteln, entkernen und in ca. 3 Zentimeter große Stücke schneiden. Tomaten waschen, ca. 30 Sekunden in kochendem Salzwasser blanchieren, mit Eiswasser abschrecken, häuten und in mundgerechte Stücke schneiden. Rosmarin und Thymian waschen, trocken schütteln, Nadeln bzw. Blättchen von den Stielen zupfen und fein hacken. Zwiebeln schälen, fein hacken und in 4 Esslöffeln Öl glasig dünsten. Knoblauch schälen und pressen, zugeben, mit anschwitzen. Tomaten und Kräuter zugeben und aufkochen lassen.

2. 3 Esslöffel Öl erhitzen, Paprikaschoten darin ca. 3 Minuten unter Rühren anbraten. Zur Tomatenmischung geben. Auberginen waschen und in mundgerechte Stücke schneiden. Mit 1 Esslöffel Öl ca. 3 Minuten unter Rühren anbraten und zu den restlichen Zutaten geben. Zucchini waschen und in mundgerechte Stücke schneiden. Mit 1 Esslöffel Öl ca. 3 Minuten unter Rühren anbraten und ebenfalls zu den restlichen Zutaten geben.

3. Gemüse mit Salz, Pfeffer und Zucker abschmecken. Mit Brühe aufgießen und vollständig abkühlen lassen, in vier Einweggläser füllen, bis zum Verzehr kalt stellen und vor dem Servieren kurz in der Mikrowelle aufwärmen.

Zubereitungszeit ca. 1 Stunde und 30 Minuten

Gemüsekuchen

Zutaten

für 1 Kuchen

4 mittelgroße Möhren, 2 kleine Knoblauchzehen, 1 Kürbis (z. B. Butternut), 2 mittelgroße Zucchini, 2 EL Butter oder Kokosöl, 1/2 TL Salz, frisch gemahlener Pfeffer, 30 g Kokosmehl (gesiebt), 1/2 TL Backpulver, 6 große Eier, 60 ml Kokosmilch, 2–3 EL Basilikumblätter, Fett für die Form

Zubereitung

1. Backofen auf 175 °C (Umluft 155 °C) vorheizen. Möhren putzen und schälen. Knoblauch schälen und pressen. Auflaufform mit Backpapier auslegen. Kürbis aufschneiden, Kerne herauskratzen und Kürbis schälen. Zucchini waschen und Stielansatz entfernen. Möhren, Kürbis und Zucchini fein raspeln.

2. Butter oder Kokosöl in einer Pfanne erhitzen, Knoblauch zufügen, kurz andünsten und Gemüse zufügen. Mit 1/4 Teelöffel Salz und etwas Pfeffer würzen. Gemüse ca. 8–10 Minuten unter gelegentlichem Rühren bei geringer bis mittlerer Hitze garen, bis es weich ist. Kokosmehl, restliches Salz und Backpulver vermischen. Eier und Kokosmilch verrühren und Mehlmischung unterrühren. Basilikum waschen und fein hacken. Gemüse und Basilikum unterheben. Mischung in eine gefettete Kastenform füllen.

3. Ca. 45 Minuten im vorgeheizten Backofen backen, bis der Gemüsekuchen an der Oberfläche goldbraun ist. Aus dem Ofen nehmen und etwas abkühlen lassen. Vorsichtig aus der Auflaufform stürzen und auf einem Kuchengitter abkühlen lassen. Bis zum Verzehr in einem luftdichten Behälter im Kühlschrank aufbewahren (Haltbarkeit: bis zu drei Tage).

Zubereitungszeit ca. 1 Stunde und 20 Minuten

Brokkoli-Quinoa-Burger

Zutaten
für 6 Portionen

200 g Quinoa, 1 Brokkoli, Salz, 1 Dose Kichererbsen, 2 Knoblauchzehen, 1 TL Senf, 3–5 EL Mehl, frisch gemahlener Pfeffer, 200 g Erbsen, 80 ml Olivenöl, 3 EL Cashewkerne, 50 g frisch geriebener Parmesan, 6 Burgerbrötchen mit Sesam, Öl, 100 g Champignons, 1 Handvoll Feldsalat

Zubereitung

1. Quinoa mit heißem Wasser abwaschen und in 400 Millilitern Wasser zum Kochen bringen. Bei mittlerer Hitze ca. 20 Minuten köcheln lassen. Brokkoli waschen, in Röschen teilen und in heißem Salzwasser blanchieren. Kichererbsen abtropfen lassen und abwaschen. Knoblauch schälen, 1 Zehe klein schneiden. Kichererbsen mit Brokkoli, Quinoa, Knoblauchzehe und Senf vermischen und mit dem Stabmixer pürieren. Mehl zufügen, mit Salz und Pfeffer würzen. Masse gut verkneten und zu Bratlingen formen. Zugedeckt ca. 1 Stunde kalt stellen.

2. Backofen auf 200 °C (Umluft 180 °C) vorheizen. Erbsen in kochendem Salzwasser ca. 5 Minuten blanchieren. Übrige Knoblauchzehe und Erbsen mit dem Stabmixer zerkleinern. Olivenöl zugießen, Cashewkerne sowie Parmesan zugeben und zerkleinern. Mit Salz und Pfeffer abschmecken. Burgerbrötchen auf einem mit Backpapier ausgelegten Backblech im vorgeheizten Ofen von beiden Seiten ca. 5 Minuten backen. Öl erhitzen und Bratlinge darin von beiden Seiten ca. 5 Minuten anbraten. Champignons putzen und in heißem Öl anbraten. Feldsalat waschen, putzen und trocken schleudern. Alles bis zum Verzehr kalt stellen. Bratlinge und Champignons kurz in der Mikrowelle aufwärmen. Brötchen halbieren, mit Erbsenpesto bestreichen. Darauf Feldsalat, Bratlinge und Champignons anrichten.

Zubereitungszeit ca. 1 Stunde und 30 Minuten

Filoteig-Taschen mit Roter Bete und Fetakäse

Zutaten

für 4 Stück

8 Blätter Filoteig (TK-Produkt), 40 g Butter, 1/2 TL Baharat (orientalische Gewürzmischung), 180 g Rote Bete (Glas), 235 g Couscoussalat (Fertigprodukt), 50 g Feta, Salz, frisch gemahlener Pfeffer

Zubereitung

1. Filoteigblätter auslegen und auftauen lassen. Backofen auf 200 °C (Umluft 180 °C) vorheizen. Butter zerlassen, Baharat einrühren. Etwas Gewürzbutter auf den Filoteigblättern verstreichen.

2. Rote Bete abtropfen lassen, in feine Streifen schneiden und mit Couscoussalat und klein geschnittenem Feta vermischen. Mit Salz und Pfeffer abschmecken. Je ein Viertel der Mischung auf je einem der Teigblätter verteilen. Zu Dreiecken zusammenklappen, Ränder mit Gewürzbutter bestreichen und andrücken. Auf ein mit Backpapier belegtes Backblech legen. Teigtaschen mit der restlichen Butter bestreichen.

3. Im vorgeheizten Backofen ca. 10–15 Minuten backen, bis die Teigtaschen goldbraun und knusprig sind. Bis zum Verzehr im Kühlschrank aufbewahren und vor dem Servieren kurz in der Mikrowelle aufwärmen.

Zubereitungszeit ca. 25 Minuten

Kartoffelplätzchen mit Frühlingszwiebeln

Zutaten
für 3 Portionen

1 Beutel Kartoffelpüreepulver (z.B. von Pfanni), 1/2 TL Salz, 1 Frühlingszwiebel, 25 g geriebener Käse (z.B. Cheddar), 125 ml Milch, 1 Ei, etwas Mehl, 2 EL Öl

Zubereitung

1. Kartoffelpüreepulver mit Salz mischen. Frühlingszwiebel waschen und in Röllchen schneiden. Zusammen mit geriebenem Käse zum Kartoffelpüreepulver geben. Gut vermischen.

2. Milch zugießen. Ei aufschlagen und zugeben. 125 Milliliter Wasser zugießen. Mit einem Schneebesen gut verrühren.

3. Flüssigkeit zum Püreepulver geben und gut unterrühren. Püree ca. 5 Minuten ruhen lassen.

4. Kartoffelteig auf Backpapier verstreichen und ca. 0,5 Zentimeter dick flach drücken. Mit einer bemehlten Ausstechform ca. 18 Kartoffelplätzchen ausstechen und in einer beschichteten Pfanne im heißen Öl bei mittlerer Hitze von beiden Seiten goldgelb backen. Bis zum Verzehr kalt stellen und vor dem Servieren kurz in der Mikrowelle aufwärmen.

Zubereitungszeit ca. 15 Minuten

Kürbis-Käse-Muffins

Zutaten
für 12 Stück

125 g Hartkäse (z. B. Bergkäse, Cheddar), 250 g Kürbis (z. B. Hokkaido), 250 g Mehl, 2 TL Backpulver, 1 gestrichener TL Kurkuma, 1 Msp. Cayennepfeffer, 2 Eier, 70 ml Öl, 80 ml Gemüsebrühe, 200 g saure Sahne, 12 Papiermuffinförmchen oder Fett für die Form, 1–2 EL Kürbiskerne

Zubereitung

1. Käse entrinden und reiben. Kürbis waschen, halbieren, Kerne herauskratzen und Kürbisfleisch grob raspeln. Mehl und Backpulver vermischen, Kurkuma und Cayennepfeffer zugeben. Geriebenen Käse zufügen und unterrühren.

2. Backofen auf 180 °C (Umluft 160 °C) vorheizen. Eier aufschlagen, Öl, Gemüsebrühe und saure Sahne zugeben und mit den Quirlen des Handrührgeräts verrühren. Mehlmischung nach und nach zugeben und zügig unterrühren. Kürbis rasch unterheben und vermischen.

3. Mulden einer Muffinform mit Papierförmchen auslegen oder mit Fett ausstreichen. Teig einfüllen und mit Kürbiskernen bestreuen.

4. Im vorgeheizten Ofen ca. 25 Minuten backen. Kurz in der Form ruhen lassen, auf einem Kuchengitter abkühlen lassen und in einem Transportgefäß verpacken.

Zubereitungszeit ca. 40 Minuten

Kürbispuffer mit Joghurtdip

Zutaten

für 4 Portionen

500 g Kürbis (z. B. Muskatkürbis, Butternut), 1/2 Bund glatte Petersilie, 75 g Hartkäse (z. B. Emmentaler), 1 Ei, 1–2 EL Mehl, Salz, frisch gemahlener Pfeffer, 1 Prise frisch geriebener Muskat, 4–6 EL Öl, 2 Knoblauchzehen, 250 g Quark, 150 g Naturjoghurt, 2–3 TL Zitronensaft

Zubereitung

1. Kürbis waschen, halbieren, Kerne herauskratzen und Kürbisfleisch grob raspeln. Petersilie waschen, trocken schütteln und Blättchen fein hacken. Käse entrinden und reiben. Alles verrühren. Ei aufschlagen, mit Mehl zur Kürbismasse geben und unterrühren. Mit Salz, Pfeffer und Muskat würzen und gut vermischen.

2. Öl erhitzen, pro Puffer einen gehäuften Esslöffel Kürbismasse hineingeben, leicht flach drücken und Puffer von beiden Seiten ca. 2–3 Minuten knusprig braten. Auf Küchenpapier abtropfen lassen.

3. Knoblauch schälen und pressen. Mit Quark und Joghurt glatt rühren. Mit Salz, Pfeffer und Zitronensaft abschmecken. Puffer und Dip bis zum Transport bzw. Verzehr separat kalt stellen. Kürbispuffer kalt essen oder kurz in der Mikrowelle aufwärmen. Dip dazu servieren.

Zubereitungszeit ca. 35 Minuten

Minifrittata mit Spinat und Käse

Zutaten

für 12 Stück

170 g Blattspinat (TK-Produkt), 50 g Hartkäse (z.B. Cheddar), 250 g Ricotta, 2 EL Sour Cream, 50 g Parmesan, 4 Eier, 60 ml Milch, 1/2 TL Chilisoße, 1 TL Kreuzkümmel, Salz, frisch gemahlener Pfeffer, 1/2 TL Zitronenpfeffer, Fett für die Form

Zubereitung

1. Spinat auftauen, gut abtropfen lassen und ausdrücken. Backofen auf 190 °C (Umluft 170 °C) vorheizen. Hartkäse von der Rinde befreien und reiben. Spinat mit Ricotta, Sour Cream, geriebenem Parmesan und Hartkäse vermischen.

2. Eier aufschlagen und mit Milch verschlagen. Mit Chilisoße, Kreuzkümmel, Salz, Pfeffer und Zitronenpfeffer würzen, alles gut verrühren und mit der Spinat-Käse-Mischung vermengen.

3. Muffinblech einfetten und Mischung einfüllen. Im vorgeheizten Backofen ca. 20–25 Minuten backen. Kurz in der Form ruhen lassen, auf einem Kuchengitter abkühlen lassen und bis zum Verzehr kalt stellen.

Zubereitungszeit ca. 50 Minuten

Genuss und Energie für den ganzen Tag

Goji-Chia-Energieriegel

Zutaten

für 8–10 Stück

150 g Datteln, 150 g Feigen (getrocknet), 80 g Goji-Beeren, 60 g Hanfsamen (geschält), 40 g Walnusskerne, 30 g Chiasamen

Zubereitung

1. Datteln, Feigen, Goji-Beeren, Hanfsamen und Walnusskerne im Mixer zerkleinern.

2. Alles in eine Schüssel geben, Chiasamen zufügen und mit den Händen zu einer geschmeidigen Masse verkneten.

3. Masse auf eine mit Backpapier ausgelegte Arbeitsfläche geben, ein weiteres Blatt Backpapier darüberlegen und mit einem Nudelholz auf ca. 1,5 Zentimeter Dicke ausrollen. Mithilfe eines scharfen Messers oder eines Pizzaschneiders beliebig große Riegel ausschneiden.

4. Vor dem Verzehr einige Stunden kalt stellen und zum Transport in Butterbrotpapier oder Frischhaltefolie verpacken. Im Kühlschrank halten sich die Riegel bis zu einer Woche.

Zubereitungszeit ca. 30 Minuten

Rote-Beeren-Kuchen im Glas

Zutaten
für 4 Portionen

50 g Fruchtaufstrich Waldfrucht, 100 ml Johannisbeersaft, 200 g Beeren (TK-Produkt), 80 g Butter (z. B. Leichte Butter von Du darfst), 80 g Zucker, 1 Päckchen Bourbon-Vanillezucker, 1 Prise Salz, 1/2 Beutel Puddingpulver Vanille (z. B. von Mondamin), 2 EL Milch, 2 Eier, 200 g Mehl, 2 TL Backpulver, etwas Fett für die Gläser

Zubereitung

1. Backofen auf 200 °C (Umluft 180 °C) vorheizen. Fruchtaufstrich mit Johannisbeersaft glatt rühren, tiefgekühlte Beeren unterheben und kalt stellen.

2. Weiche Butter, Zucker, Vanillezucker und Salz schaumig rühren. Puddingpulver und Milch glatt rühren und unterrühren. Eier aufschlagen und ebenfalls unterrühren. Mehl und Backpulver vermischen, zugeben und alles zu einem glatten Teig verrühren.

3. Gläser einfetten und Teigportionen jeweils in das untere Drittel des Glases füllen. Im vorgeheizten Backofen ca. 20–25 Minuten backen und auskühlen lassen. Beerenmischung auf den Kuchen verteilen und bis zum Transport kühl stellen.

Zubereitungszeit ca. 1 Stunde und 20 Minuten

Kernige Quinoa-Cookies

Zutaten

für 18 Stück

60 g Quinoa, 75 g Kokosraspel, 80 g kernige Haferflocken, 125 g Vollkornmehl, 2 TL Backpulver, 1 TL Salz, 110 g Rohrohrzucker, 2 reife Bananen, 120 g Apfelmus, 130 g Erdnussbutter, 1 TL Vanillemark, 125 g Rosinen

Zubereitung

1. Quinoa mit heißem Wasser abwaschen und in 160 Millilitern Wasser zum Kochen bringen. Bei mittlerer bis schwacher Hitze ca. 15–20 Minuten köcheln lassen, bis es gar ist. Backofen auf 175 °C (Umluft 155 °C) vorheizen.

2. Kokosraspeln, Haferflocken, Mehl, Backpulver, Salz und Zucker vermischen. Bananen mit einer Gabel zerdrücken und mit gekochtem Quinoa, Apfelmus, Erdnussbutter und Vanillemark vermischen. Alles mit den Quirlen des Handrührgeräts zu einem glatten Teig verrühren. Rosinen unterheben.

3. Teig esslöffelweise mit ausreichend Abstand auf zwei mit Backpapier belegte Backbleche setzen. Im vorgeheizten Backofen nacheinander jeweils ca. 20–25 Minuten backen. Einige Minuten auf dem Backblech abkühlen und auf einem Gitter vollständig auskühlen lassen. In Keksdosen oder Gläsern verpackt transportieren.

Zubereitungszeit ca. 45 Minuten

Mini-Muffins mit Heidelbeeren

Zutaten
für 24 Stück

150 g Heidelbeeren, 100 g Butter, 125 g Zucker, 2 Eier, 200 g Joghurt, 250 g Mehl, 1/2 TL Backpulver, 24 Mini-Muffin-Papierbackförmchen oder Fett für die Form

Zubereitung

1. Backofen auf 180 °C (Umluft 160 °C) vorheizen. Heidelbeeren waschen und verlesen. Weiche Butter mit Zucker schaumig schlagen. Eier aufschlagen und nacheinander zugeben, unterrühren.

2. Joghurt zufügen und unterrühren. Mehl und Backpulver vermischen und esslöffelweise unterrühren. Heidelbeeren vorsichtig unterheben.

3. Papierbackförmchen in die Vertiefungen einer Mini-Muffinform setzen oder Muffinmulden mit Fett ausstreichen. Teig auf die Förmchen verteilen. Im vorgeheizten Backofen ca. 18 Minuten backen, auf einem Gitter auskühlen lassen und in Papier oder Alufolie verpacken.

Zubereitungszeit ca. 50 Minuten

Mango-Sago-Pudding

Zutaten
für 2 Portionen

60 g Sago (Verdickungsmittel), 2 mittelgroße Mangos und 25 g gewürfelte Mangos, 3 EL Zucker, 180 ml Milch, 60 ml Kondensmilch

Zubereitung

1. Sago knapp mit Wasser bedecken, ca. 1 Stunde quellen lassen und abspülen. Wasser zum Kochen bringen und Sago zufügen. Unter Rühren kochen, bis es weich und transparent wird. Abgießen und unter fließendem Wasser abspülen. Abtropfen lassen und beiseitestellen.

2. Mangos schälen und entkernen. Mit Zucker und 60 Milliliter Milch im Mixer zu einem Püree vermischen.

3. Mangopüree mit der restlichen Milch verrühren. Kondensmilch gut einrühren. Sago nach und nach zugeben und gut verrühren.

4. Gewürfelte Mangos zugeben (einen Esslöffel für die Garnitur beiseitestellen) und gut vermischen. In ein Einmachglas mit Bügelverschluss füllen. Bis zum Verzehr mindestens 1 Stunde in den Kühlschrank stellen und mit restlichen gewürfelten Mangos garnieren.

Zubereitungszeit ca. 1 Stunde und 20 Minuten

Kerniger Kürbissmoothie mit Joghurt

Zutaten

für 4 Portionen

1 Kürbis (Hokkaido), 80 g Zucker, 1 Vanilleschote, 140 ml Milch, 2 TL Speisestärke, 240 g Sahne, 140 g Knuspermüsli, 150 g Naturjoghurt

Zubereitung

1. Kürbis waschen, halbieren, Kerne herauskratzen und Kürbisfleisch in Stücke schneiden. Zucker zufügen und einige Minuten ruhen lassen.

2. Vanilleschote längs aufschlitzen und Mark herauskratzen. Vanillemark zum Kürbis geben und unterrühren. Bei schwacher Hitze ca. 30 Minuten bei geschlossenem Deckel köcheln lassen.

3. Kürbis mit 500 Milliliter Wasser aufgießen und zum Kochen bringen. So lange köcheln lassen, bis das Kürbisfleisch weich ist.

4. Milch mit Speisestärke anrühren und zur Kürbismasse geben. Masse mithilfe eines Stabmixers pürieren. Smoothie in eine Thermoskanne oder ein verschließbares Glas füllen und, ebenso wie den Joghurt, bis zum Transport bzw. Verzehr kalt stellen (mindestens 1 Stunde). In Gläser füllen, Knuspermüsli jeweils daraufgeben und mit einer Schicht Naturjoghurt abschließen. Smoothie löffeln.

Zubereitungszeit ca. 1 Stunde und 10 Minuten

Tub Tim Grob
(Wasserkastanien in Kokosmilch)

Zutaten
für 2 Portionen

1/2 Dose Wasserkastanien (ca. 10–15 Stück), 60 g Tapiokamehl, 75 g Zucker, 100 g Kokoscreme, 1 Granatapfel

Zubereitung

1. Wasserkastanien abtropfen lassen und vierteln. In Tapiokamehl wälzen, herausnehmen, mithilfe eines Wassersprühers mit etwas Wasser besprühen und nochmals im Tapiokamehl wälzen. Überschüssiges Tapiokamehl abstreifen.

2. Wasser zum Kochen bringen und Wasserkastanien hineingeben. So lange köcheln, bis sie aufzusteigen beginnen. In ein Sieb geben, in kaltes Wasser tauchen und abtropfen lassen. Zucker und 60 Milliliter Wasser in einer Tasse verrühren und ca. 3–4 Minuten in der Mikrowelle erhitzen.

3. Wasserkastanien in Gläsern verteilen. Kokoscreme und Zuckersirup vermischen und mit Wasserkastanien vermengen. In Einmachgläser mit Bügelverschluss füllen und mindestens 1 Stunde kalt stellen.

4. Granatapfel in Spalten schneiden und Kerne herauslösen. Dabei Trennhäute entfernen. Als Topping auf das Dessert geben und bis zum Verzehr kalt stellen.

Zubereitungszeit ca. 25 Minuten

Register

Impressum

Komplettproducing: twinbooks, München (Redaktion: Melanie Goldmann)
Texte: Anni-Mila Dorin, Melanie Goldmann, Viktoria Schuster für twinbooks, München
Text- und Abbildungsverzeichnis: Du darfst: 64/65; Knorr: 21/22; Pfanni: 52/53; Rama: 24/25; Shutterstock Images: 2 Jessmine; 5 Elena Veselova; 7 goa novi; 9 Zju4ka; 12 Elena Shashkina; 15 Elena Fabbrili; 17 Katerina Belaya; 18 ziashusha; 22 Family Business; 27: Josie Grant; 28: istetiana; 30 Vania Georgieva; 34 Roxiller13; 37 Anna Shepulova; 39 margouillat photo; 40 Elena Veselova; 43 Elena Veselova; 44 etitarenko; 47 Elena Veselova; 49 ANNA WITKIEWICZ; 50 ANNA WITKIEWICZ; 54 Tatiana Vorona; 56 AnjelikaGr; 59 zi3000; 63 Maria Shumova; 67 Foodpictures; 69 gresei; 70 Alphonsine Sabine; 73 Liliya Kandrashevich; 74 Alphonsine Sabine; Umschlagabbildung: Jessmine/fotolia.com